ARRIVÉE EN FRANCE

DE QUATRE

SAUVAGES CHARRUAS,

PAR

LE BRICK FRANÇAIS PHAÉTON,

DE SAINT-MALO.

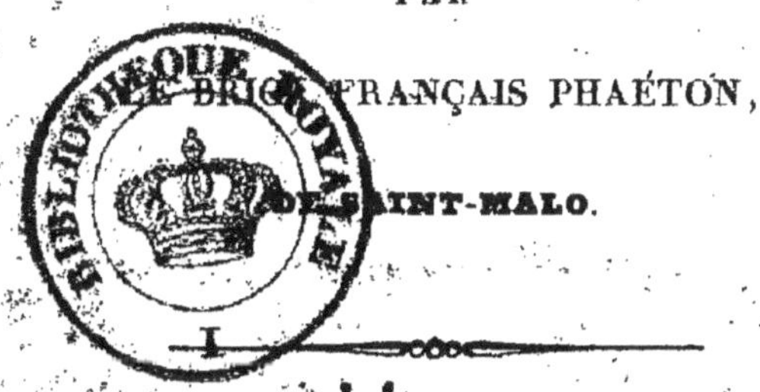

Le Gouvernement de la République orientale de l'URUGUAY (capitale : Montevideo, Amérique du Sud), a autorisé le transport en France de quatre Sauvages, prisonniers, de la Tribu des Indiens CHARRUAS, récemment exterminée.

Les conducteurs de ces Indiens, se proposant de les offrir à la curiosité publique, ont cru devoir publier une Notice historique sur les indigènes de cette partie du monde, et, en particulier sur ceux de la tribu des CHARRUAS.

IMPRIMERIE D'HIPPOLYTE TILLIARD,
RUE DE LA HARPE, N. 88.

NOTICE

SUR LES

INDIGÈNES DE L'AMÉRIQUE DU SUD,

ET EN PARTICULIER SUR LA TRIBU DES

INDIENS CHARRUAS,

—

Les indigènes de l'Amérique Méridionale se nomment communément *Indiens*; ils se divisent par tribus ou castes qui portent toutes des noms différents, et se distinguent, au physique et au moral, par des formes et des habitudes particulières à chacune d'elles. Ces anciens maîtres du continent américain ont, en général, le teint marron foncé, plus ou moins rouge ou cuivré selon les latitudes; leurs cheveux sont noirs et lisses; on ne leur voit que peu ou point de barbe, soit que la nature en ait refusé à quelques-uns, soit à cause de l'habitude qu'ont quelques autres de l'épiler; leur tête est, pour l'ordinaire, plus large dans la partie inférieure que dans la supérieure, et leur face est aplatie. Leur taille est de proportion moyenne, mais leurs muscles sont très saillants et annoncent une grande force corporelle. Ils sont agiles, adroits, bon cavaliers, et intrépides dompteurs de chevaux sauvages ; très robustes et assez industrieux , mais paresseux à l'excès , perfides , vindicatifs et très cruels. Quelques tribus sont encore anthropophages , quoique l'horrible coutume de se nourrir de chair humaine ait disparu sur beaucoup de points où elle était en usage autrefois.

Depuis que les Indiens ont eu de fréquentes occasions de se battre avec les Chrétiens, beaucoup d'entre eux se sont pourvus de sabres et de quelques armes à feu, mais ils en font peu d'usage, se servant de préférence de la lance et des flèches. Ils sont tellement accoutumés à combattre à cheval, qu'ils se trouvent absolument incapables d'attaque ou de défense quand , par hasard , ils sont privés de ce puissant auxiliaire. Dans leurs incursions sur les territoires habités par les Créoles, ils apparaissent subitement , au moment où l'on s'y attend le moins, et pendant les nuits éclairées par la lune, enlèvent les bestiaux, les femmes et les enfants, tuant impitoyablement tous les hommes qui tombent dans leur pouvoir, et, chargés de butin , ils disparaissent avec la même rapidité qu'ils s'étaient montrés.

Leurs chefs s'appellent *caciques*; ils jouissent d'un pouvoir absolu, et du droit de vie et de mort sur tous les individus soumis à leur autorité. Après eux viennent les *chefs de guerre*, et tout le reste est confondu dans une seule classe. L'idolâtrie est le culte de ceux de ces sauvages qui en ont un (si on excepte toutefois les tribus des missions , soi-disant converties au christianisme par les jésuites , mais dont toute l'instruction religieuse consiste à savoir faire le signe de la croix et se mettre à genoux, sans attacher aucune espèce d'idée à ces marques extérieures de dévotion). Quelques-uns reconnaissent l'existence d'un esprit supérieur auquel ils rendent hommage ; la plupart portent un grand respect à la vieillesse , et observent, dans leurs funérailles, quelques pieuses cérémonies. Il y a des tribus qui se peignent le corps de diverses couleurs ; d'autres se font des incisions profondes dans les chairs à certaines époques de l'année , et les cicatrices qui en résultent sont considérées comme des marques d'honneur. Leurs femmes ne sont pas dépourvues de toute espèce d'attraits ; on a vu plus d'un Européen leur rendre hommage , malgré la mauvaise odeur qu'elles exhalent et leur excessive malpropreté.

On pourrait comparer la majeure partie de ces hordes errantes, aux Arabes des déserts de l'Afrique et de l'Asie; elles passent, comme les Bédouins, une partie de leur vie à cheval, sans avoir pour cet animal les soins et l'attachement que leur prodiguent ceux à qui nous les comparons; ils se nourrissent comme ceux-ci , presque uniquement de viande, et sont très sobres dans leur vie habituelle. Les Indiens peuvent supporter avec résignation les plus grandes privations; on en a vu se passer de manger pendant quatre jours, parcourir un espace de plus de cent lieues, et dévorer ensuite un jeune bœuf ou une vache entière, entre quatre ou cinq individus. Lorsqu'ils se livrent à quelques excès, ce qui arrive chaque fois qu'ils ont pu se procurer des liqueurs fortes , rien n'est plus horriblement dégoûtant que leurs extravagances , et les atrocités qu'ils commettent quand le plus léger prétexte excite leur colère. Ils aiment aussi beaucoup le tabac , et généralement tout ce qui est à l'usage des nations civilisées , quoique souvent ils ne puissent ni ne sachent s'en servir. Le vol est pour eux une chose d'habitude , et il est très difficile de soustraire à leur rapacité ce qui leur fait envie.

L'esprit de vengeance est caractéristique chez ces peuples; ils se rappellent tout ce que la tradition leur a appris de ce qu'ont eu à souffrir leurs ancêtres , de la part des premiers conquérants de l'Amérique , et se croient obligés de venger les outrages reçus par leurs pères. Dès qu'un jeune Indien a atteint l'âge de raison, ses parents lui racontent l'histoire de la conquête et les atrocités commises par les Espagnols; ils lui inspirent ainsi le désir de la VENGEANCE , et ce mot est le dernier qu'il entend sortir de la bouche de son père à l'heure de sa mort.

Beaucoup de ces tribus vivent actuellement en assez bonne harmonie avec les peuplades créoles qui les avoisinent ; cependant on ne peut pas trop se fier à leurs apparences pacifiques , qui bien souvent ne sont dictées que par l'impossibilité de suivre leur instinct.

La tribu des *Charruas* qui vivait entre les rivières Uruguay, Ybicui et Rio-Negro, presque entièrement détruite dans le courant de l'année 1832, par le général Don Fructuoso Ribéra, président de la République orientale, avait conservé, jusqu'à ces derniers temps, toute sa férocité primitive. Jamais ces sauvages n'ont pu supporter le joug de la civilisation, même au plus bas degré, et chaque fois qu'ils ont espéré quelques chances de succès, ils se sont précipités comme des bêtes féroces sur les paisibles habitants des campagnes, mettant tout à feu et à sang sur leur passage, ne faisant pas même grâce de la vie aux femmes et aux enfants. Le président Ribéra, voyant qu'il était impossible de vivre en paix avec ces terribles voisins, qui étaient venus asseoir leurs tentes jusqu'auprès des rives du Rio-Negro, et que tous les moyens de douceur dont on avait usé à leur égard, ne produisaient aucun effet, résolut de leur faire une guerre à mort; et après une campagne de quelques mois, il a été assez heureux pour débarrasser son pays de leur présence. Le plus grand nombre de ces sauvages a péri dans les combats, et le peu qui en est resté, a été obligé de fuir au loin dans les déserts, d'où il n'est pas probable qu'ils puissent sortir d'ici à long-temps. Une douzaine d'hommes ou femmes, échappés à la mort comme par miracle, ont été faits prisonniers. On remarque parmi ces derniers, deux caciques, guerriers redoutables, dont l'existence toute entière se compose d'une série de meurtres et d'actes d'une férocité révoltante. Nous les avons entendus se vanter d'avoir chacun d'eux, donné la mort à plusieurs centaines de Créoles, soit dans les combats, soit dans leurs incursions sur les habitations isolées. Les femmes de ces indigènes ne démentent pas la race sanguinaire dont elles font partie, car, quand elles n'ont pas pris une part active aux actions guerrières, en raison des soins qu'elles ont dû donner à leurs enfants et à leurs bestiaux, elles s'en sont bien dédommagées dans l'occasion en faisant souffrir aux malheureux prisonniers les plus atroces tortures. Elles sont d'ailleurs si peu accessibles à la douleur physique, qu'elles s'amputent elles-mêmes une phalange du doigt, en signe de deuil, à la mort de leurs proches parents; elles se font aussi, de propos délibéré, des incisions dans les chairs : nous en avons vu dont le corps était couvert de cicatrices provenant de ces singuliers passe-temps.

Les captifs dont il est ici question, séparés pour toujours de leur horde détruite ou dispersée, renfermés dans une forteresse, ressemblent au tigre auquel on a arraché les dents et coupé les griffes; privés comme lui, de tous les moyens de nuire, ils restent comme lui, plongés dans une morne apathie qu'on prendrait pour de la résignation; mais cette douceur apparente aurait bientôt fait place

à la fureur la plus redoutable, si, rendus aux solitudes du désert, ils recouvraient la possibilité de
se livrer à toutes les inspirations de leur instinct
sanguinaire.

Les Charruas ont le teint couleur de cuivre
rouge ; la forme de leur tête est presque ronde ;
leurs yeux sont petits, mais vifs et brillants ; leurs
jambes, fortes et un peu arquées, indiquent l'habitude du cheval ; pour le reste, leur physique
diffère peu de celui des autres tribus, si ce n'est
sous le rapport de la barbe et des moustaches. La
barbe forme un bouquet pointu à l'extrémité du
menton ; les moustaches sont d'un poil rare et fort
rude qui augmente l'air de dureté de leur phy-
sionomie. Leur adresse à dompter les chevaux
sauvages est incroyable, ne se servant ni de selle,
ni de mors, ni d'éperons, mais seulement d'une
courroie de cuir tressé, passée dans la bouche du
cheval. Leurs armes sont : la lance, les flèches,
la fronde, le *lacet* et les *boules* (1). Leurs habillements consistent en un morceau de cuir ou de
peau de bêtes fauves, quelquefois aussi d'un morceau de draps grossier dont ils se ceignent les
reins, et en une espèce de cape ou manteau, faite
des mêmes matières, avec laquelle ils se couvrent
les épaules, ayant soin de placer le poil en des-
sous ; le dessus de cette cape, qu'ils nomment

(1) Les bornes de cette Notice ne nous permettent pas de donner
une description de ces deux derniers objets, mais on les verra à l'ex-
position, ainsi que les armes, habillements et ustensiles à l'usage des
Indiens.

quillapi, est ordinairement peint de couleurs tranchantes qui forment des dessins assez réguliers, mais d'un goût fort bizarre. L'autre partie du vêtement s'appelle *chilipa*.

A l'exception des fers de lances que les Charruas reçoivent en échange de leurs cuirs ou de leurs fourrures, ils fabriquent eux-mêmes toutes les parties de leur armement et de leur habillement. Il est à remarquer que c'est avec des substances animales qu'ils suppléent à ce qui leur manque. Le fer des lances est fixé, à l'extrémité du bois, par des tendons de bœuf; celui des flèches, par des boyaux d'autruches; et tous leurs liens ou cordes sont de cuir tressé; les cartes à jouer, dont ils se servent, sont de cuir de jument. Quand ils manquent de couleurs pour peindre leurs *quillapis*, où leurs cartes, ils les remplacent par le sang et le fiel des animaux, et quelques terres colorées qu'ils se procurent dans les montagnes.

Leur nourriture la plus habituelle est la chair de bœuf ou d'autruche, à moitié cuite sur la braise; ils aiment beaucoup les liqueurs fortes, particulièrement celle faite avec les cannes à sucres, macérées et fermentées, ainsi que l'infusion de l'herbe *maté* (où thé américain). Ils habitent sous des tentes de cuir, nommées *toldos*, qu'ils changent de place chaque fois que leurs troupeaux ont consommé l'herbe des pâturages où ils se sont établis, vivant ainsi errants dans les vastes solitudes de l'Amérique méridionale, comme les animaux carnassiers avec lesquels ils ont tant de similitude.

Le gouvernement de la république orientale de l'Uruguay ayant autorisé, par un décret spécial, l'extradition de quelques individus de cette tribu de sauvages, lesquels ont contracté l'obligation de rester en France à la disposition de leurs conducteurs, pendant un temps déterminé, il a été fait choix de quatre sujets, savoir : trois hommes et une femme, qui seront offerts incessamment à la curiosité publique.

Le premier est le Cacique VAIMACA, surnommé PÉRU, qui, en 1814, passa volontairement au service d'*Artigas*, avec un assez grand nombre de ses guerriers, lorsque ce farouche et sanguinaire général leva l'étendard de la rébellion contre le gouvernement constitutionnel des provinces unies de Rio de la Plata. Artigas ayant été vaincu et obligé de se réfugier au Paraguay, sous la protection du fameux dictateur *Francia*, Péru resta abandonné. Le général Ribéra, qui avait eu l'occasion de remarquer, chez cet individu, une grande bravoure, le garda quelque temps à la suite de son état-major, et, peu après, il lui donna le commandement d'un corps d'indigènes des missions, qui se distingua dans la guerre soutenue par les Buénosayriens contre le Brésil. Ce ne fut pas un spectacle peu curieux, pour l'armée orientale, que de voir le Charrua Péru chargeant, à la tête de sa horde de sauvages, nus et montés à poil, n'ayant pour toutes armes que leurs terribles lances, mettre en déroute les bataillons brésiliens, à moitié vaincus d'avance par la terreur que leur inspiraient ces formidables adversaires. A la paix de 1819, Péru se retira, avec ses compagnons, près des rives de l'Ybicui, où il se maintint inoffensif jusqu'à la révolution de 1832, à laquelle il prit une part active en faveur de ceux qui voulaient renverser l'autorité du président. Le colonel *D. Barnabé Ribéra*, frère du premier magistrat de la république orientale, le fit prisonnier et le sauva d'une mort certaine ; déjà blessé d'un énorme coup de sabre, Vaimaca allait être fusillé, lorsque le colonel Ribéra, aussi distingué par son humanité que par sa bravoure, le prit sous sa protection, ainsi que quelques autres Charruas, menacés du même sort, et les fit conduire à la citadelle de Montevideo.

Quelques jours après cette action, l'infortuné colonel Ribéra fut mal récompensé de sa générosité : tombé presque seul au milieu d'un parti de ces mêmes Indiens, il fut impitoyablement massacré. Aussi, lorsque le Président, après avoir terminé la guerre civile, vint visiter la citadelle de Montevideo, encore pénétré de douleur de la mort de son frère, il fit appeler Péru, avec l'intention de lui passer son épée au travers du corps ; mais le cacique, prévoyant le sort que lui réservait cette entrevue, sut l'esquiver en se tenant caché. Depuis ce temps, cet Indien ne respire que la vengeance contre le général, et il dit qu'il ne sera content que lorsqu'il l'aura sacrifié aux mânes de ses compatriotes.

Le second Charrua est *Sénaqué*, guerrier cité pour sa bravoure. Celui-ci se mêle par fois de l'art de guérir ; heureusement sa médecine est aussi innocente que peu dispendieuse, ne consistant que dans l'application de quelques topiques composés de simples, pour les cas de blessures ou de lésions extérieures, et dans des paroles et simagrées, quand il est question d'affections internes. Sénaqué a été le constant et fidèle compagnon de Péru dans toutes les vicissitudes de sa vie. Pendant la guerre contre le Brésil, il a été blessé d'un coup de lance dans la poitrine ; son caractère est moins ouvert que celui de son chef, et il n'a jamais voulu se prêter aux usages créoles, ni apprendre leur langue ; tandis que Péru entend et parle passablement l'Espagnol et le Portugais. Il pourra répondre à ceux qui l'interrogeront dans l'une ou l'autre de ces deux langues.

Le troisième s'appelle *Tacuabé*; il est né d'un Charrua qui s'était fixé dans la petite ville de Paysandu, sur les bords de l'Uruguay. Elevé parmi les *Gauchos* (1), il est devenu, quoique

---

(1) Cette épithète de Gaucho (prononcez Ga-ou-cho) était appliquée autrefois à des vagabons qui vivaient dans la campagne, aux dépens des habitants industrieux : aujourd'hui elle se donne indistinctement à tout ce qui habite au-dehors des villes.

très jeune, bon dompteur de chevaux, et il a acquis une connaissance pratique des localités, tellement extraordinaire, qu'on serait plus certain de ne point s'égarer, conduit par lui au milieu de la nuit, que par quelque autre guide que ce fût en plein jour. Le général Ribéra, charmé de son habilité, l'avait pris pour son guide de confiance. Mais Tacuabé, ayant eu connaissance du mouvement opéré par les autres indiens de sa tribu, s'était sauvé du quartier-général, et avait rejoint les Charruas, auxquels il rendit d'importants services, jusqu'au moment où, fait prisonnier avec le reste des siens, il fut conduit enchaîné à Montevidéo, où il a été gardé, les fers aux pieds, jusqu'au jour de son embarquement pour l'Europe. On a prétendu qu'au moment de sa fuite, il avait résolu d'assassiner le Président, et que c'était là la cause de l'extrême sévérité qu'on a déployée à son égard; mais rien ne prouve que cette assertion soit fondée; elle a même été démentie par le Ministre, avec lequel nous avons eu un entretien à ce sujet. Il paraît que la seule crainte de le voir employer contre les intérêts du pays le talent dont il est doué, avait motivé le surcroît de précautions prises à son égard.

Enfin, la femme qui accompagne ces trois Charruas, et qui est de la même tribu, se nomme *Guyunusa;* elle faisait partie du dernier rassemblement détruit par le général Ribéra; elle fut amenée prisonnière avec quelques-unes de ses compagnes, en même temps que Péru et Sénaqué. Nous n'avons pu nous procurer aucun renseignement sur ce qui la concerne personnellement; elle paraît s'être attachée au jeune Tacuabé. Du reste, ces Indiens n'observent aucune formalité dans leurs unions conjugales : chacun prend et quitte à volonté la femme qu'il a choisie, et celle-ci n'est pas plus scrupuleuse par rapport aux nouveaux liens qu'elle peut former ; la liberté la plus illimitée règne à cet égard parmi ces peuplades sauvages.

Après avoir offert à la curiosité publique cet échantillon des anciens possesseurs des Amériques, leurs introducteurs essaieront de donner une idée de leur habileté en équitation, et dans les exercices qui leur sont propres, tels que le jet du lacs et des boules, etc. Aussitôt qu'ils seront parvenus à préparer les moyens d'exécution de ces manœuvres aussi curieuses qu'extraordinaires. On les verra alors sortir de cette apathie qui semble être un des traits les plus marquants de leur caractère; et on aura peine à reconnaître dans l'Indien, atteignant à la course et se rendant maître avec ses boules, d'un cerf ou d'un chevreuil, ce même individu qui, dans d'autres moments, paraît frappé d'immobilité. Ce sera, sur-tout, en le voyant *lacer* de jeunes taureaux abandonnés à eux-mêmes dans une grande enceinte, et les renverser sur l'arène avec la plus grande facilité, qu'on sera étonné de l'adresse que ces sauvages déploient lorsqu'ils font usage de cette arme si dangereuse dans leurs mains.

Le lacs et les boules sont devenus d'un usage si général, dans les campagnes de l'Amérique, qu'un indigène ne monte jamais à cheval, sans être muni de ces deux instruments. C'est par le moyen des *boules* que fut pris le général Paz, commandant en chef l'armée unitaire ; il fut *boulé* et fait prisonnier au milieu de son escorte, dans le courant de l'année 1830.

Pour donner une idée du costume et de l'équipement des Gauchos, les Indiens seront toujours accompagnés lors de leurs exercices à cheval, par un jeune Européen qui a vécu plusieurs années parmi les premiers, et s'est accoutumé à tous leurs usages ; il paraîtra revêtu du costume de ces Créoles ; et, de cette manière, on aura un tableau aussi exact que possible de tout ce qui, dans ces immenses contrées, diffère essentiellement des usages de l'Europe.

Les journaux indiqueront incessamment le local dans lequel les Indiens auront établi leur *toldo* (ou tente), ainsi que les jours et heures pendant lesquels le public sera admis à les visiter.

FIN.